RÉPUBLIQUE FRANÇAISE

PRÉFECTURE DE LOIR-ET-C

SERVICES VÉTÉRINAIRES

ARRÊTÉ ET CIRCULAIRES

RÉGLEMENTANT LES SERVICES

BLOIS

IMPRIMERIE CENTRALE, ADMINISTRATIVE ET COMMERCIALE

13, RUE DENIS-PAPIN, 13

1926

RÉPUBLIQÜE FRANÇAISE

PRÉFECTURE DE LOIR-&-CHER

SERVICES VÉTÉRINAIRES

RÉORGANISATION

Blois, le 1er juillet 1926.

LE PRÉFET DE LOIR-ET-CHER

à MM. les Sous-Préfets, Maires, Directeur des Services Vétérinaires, Commandant de Gendarmerie, Vétérinaires sanitaires, Vétérinaires inspecteurs des foires et marchés, des abattoirs publics et privés et des établissements d'équarrissage.

J'ai l'honneur de vous adresser ci-après le texte d'un nouvel arrêté portant réorganisation du Service sanitaire vétérinaire (épizooties) et qui, à partir du 1er janvier 1926, remplacera le règlement du 18 décembre 1909.

L'attention de MM. les Maires est tout particulièrement attirée sur les articles 7, 8 et 12, § *a*. Ils devront veiller à ce que leur Mairie soit constamment en possession du registre spécial d'inscription des maladies contagieuses des animaux. L'enregistrement des déclarations sera fait immédiatement et copie transmise, sans délai, à la Préfecture (Services Vétérinaires). En ce qui concerne la réquisition du Vétérinaire sanitaire, les indications de l'article 8 devront toujours être très rigoureusement suivies.

Pour éviter enfin des interventions inutiles, le paragraphe *a* de l'article 12 prescrit qu'en cas de constatation de tuberculose bovine sur des animaux de boucherie, la mise en action du Service sanitaire ne pourra provenir que de la Préfecture et, cela, même, si, conformément à la Loi du 21 juin 1898, la déclaration en a été faite à la Mairie.

MESURES CONCERNANT LA FIÈVRE APHTEUSE

Par suite de l'extrême contagiosité de la maladie et aussi du fait que les animaux aphteux sont déjà contagieux avant l'apparition des aphtes, il est nécessaire d'étendre les mesures sanitaires protectrices non seulement à la première étable ou au premier herbage infecté, mais encore à toutes les fermes et pacages du voisinage exposés à la contagion.

Toutes ou presque toutes ces exploitations sont parfois atteintes successivement, dans un laps de temps relativement court.

Il est apparu que, pour d'impérieuses raisons budgétaires, il était possible, sans compromettre l'action sanitaire, de restreindre le nombre des visites vétérinaires dans ces périmètres d'infection où les mesures sanitaires prescrites par les arrêtés préfectoraux s'étendent automatiquement et simultanément à toutes les exploitations infectées ou seulement exposées à la contagion.

Lorsqu'un cas de fièvre aphteuse est signalé dans une commune, le Maire requiert le Vétérinaire sanitaire, conformément à l'article 8 du règlement ; je prends ensuite, sur rapport du Service sanitaire, un arrêté portant déclaration d'infection dans un périmètre déterminé (ce périmètre comprendra toujours toutes les étables d'un même groupe d'exploitations et, dans un large rayon, les herbages environnant le foyer aphteux).

Désormais, lorsque la maladie atteindra un nouveau troupeau placé dans le périmètre déclaré infecté, il n'y aura pas lieu d'y effectuer, au frais du département, de visite sanitaire. Le propriétaire n'en fera pas moins la déclaration obligatoire à la Mairie, où elle sera enregistrée avec des indications précises sur l'emplacement exact de l'exploitation ou de l'herbage contaminé, l'effectif total par espèce (bovine, ovine, caprine, porcine) des animaux qui y sont renfermés.

Copie de cette déclaration me sera transmise comme par le passé.

Quant à la réquisition destinée au Vétérinaire sanitaire, elle lui sera également adressée pour le tenir au courant de la marche de l'épizootie, mais avec la mention très apparente : « situé en périmètre déclaré infecté — non requis ».

Les divers Vétérinaires sanitaires intéressés seront avisés par mes soins de l'existence de la maladie lors des premières constatations.

Bien entendu, lorsque la fièvre aphteuse sera signalée dans une exploitation située en dehors d'un périmètre déclaré infecté, il y aura lieu de procéder, comme lors d'un premier cas dans la commune, c'est-à-dire de requérir d'urgence le Vétérinaire sanitaire.

Afin de provoquer la visite destinée à constater la disparition de la maladie, les propriétaires auront à prévenir le Maire de la guérison de leurs animaux et de la désinfection des étables. Ces déclarations, qui me seront transmises, me permettront de faire procéder en temps voulu, par le Vétérinaire sanitaire, aux contatations utiles en vue de la levée d'infection.

Le dernier paragraphe de l'article 1er ne comporte aucun commentaire.

La fièvre aphteuse est douée d'une telle contagiosité que sa propagation est ordinairement d'une très grande rapidité. Aussi, est-il de la plus haute importance de prendre, sans aucun retard, les mesures propres à empêcher sa diffusion. D'autant plus que s'il est souvent possible d'éteindre, à son début, un foyer aphteux, toute intervention tardive reste généralement insuffisante.

Pour agir efficacement, il est donc indispensable que l'autorité administrative soit informée dès l'apparition de la maladie. Les agriculteurs ont l'impérieux devoir de faire leur déclaration au Maire, sans attendre que la maladie soit bien confirmée, mais, au contraire, aussitôt qu'ils ont constaté, sur l'un de leurs animaux, des symptômes suspects pouvant se rapporter à la fièvre aphteuse.

La déclaration hâtive constitue la base essentielle et primordiale de la prophylaxie antiaphteuse. Sans elle, pas d'action sanitaire utile.

Lorsque vous serez informé qu'un premier cas de fièvre aphteuse existe ou est soupçonné d'exister dans votre commune, vous devez immédiatement m'en aviser, au besoin par télégramme ou par téléphone.

En même temps et par la même voie, vous devez requérir l'intervention du Vétérinaire sanitaire.

Avant même que les agents du Service vétérinaire soient intervenus, vous devrez vous assurer, par vous-même ou par l'un de vos délégués, que les animaux suspects, malades et contaminés, ont été isolés. La séquestration doit, lors de fièvre aphteuse, se faire à l'étable, sauf lorsqu'il y a impossibilité matérielle absolue, et s'étendre, non seulement aux malades, mais à tout le bétail composant le troupeau dont ils font partie.

..s que vous aurez reçu mon arrêté déclaratif d'infection, vous lui donnerez la plus large publicité et tous les propriétaires intéressés seront informés.

Par vos soins, des placards portant les dispositions à observer dans le périmètre d'infection seront largement répandus et affichés dans le dit périmètre et tous les chemins y donnant accès, munis d'écriteaux: « Fièvre aphteuse. »

Je vous prie de vouloir bien profiter de toutes les occasions pour rappeler aux cultivateurs de votre commune les prescriptions légales relatives à la déclaration des maladies contagieuses des animaux et pour leur montrer que toute abstention ou négligence —. d'ailleurs passibles de poursuites judiciaires — sont contraires à leurs propres intérêts comme aux intérêts généraux de l'agriculture.

Le Préfet,
A. MARTIN.

Blois, le 1er Juillet 1926.

LE DIRECTEUR DES SERVICES VÉTÉRINAIRES
à Messieurs les Vétérinaires sanitaires.

Le règlement départemental qui régissait le Service sanitaire depuis 1909 ne répondait plus aux exigences actuelles, malgré quelques modifications apportées en ces dernières années.

M. le Préfet de Loir-et-Cher vient de prendre le nouvel arrêté ci-après, qui apporte des améliorations très sensibles et quelques précisions dans le fonctionnement du service.

Je crois devoir appeler votre attention sur quelques points de ce règlement.

En premier lieu, je ne saurais trop, pour la bonne marche du Service, vous prier d'apporter *la plus grande célérité*, à la fois, dans *l'exécution des visites sanitaires* et *dans l'envoi des rapports consécutifs*.

Il y aura lieu, d'autre part, de *joindre à chaque rapport de constatation*, la réquisition de l'autorité qui a ordonné la visite. Lorsque cette pièce manquera, la visite devra être considérée comme faite à la demande et aux frais du propriétaire, le rapport seul restant à la charge du département.

Trop fréquemment encore les rapports reçus (constatations et propositions de levée d'infection) *ne donnent que des renseignements insuffisants*. Il est indispensable que le Chef du Service soit très exactement et très complètement renseigné sur les constatations faites par ses collaborateurs. Le questionnaire d'ordre général porté sur les imprimés n'est d'ailleurs pas limitatif et toutes autres indications utiles ou intéressantes doivent être mentionnées.

Il est par exemple de la plus grande importance de faire connaître, après la tuberculination d'une étable infectée, comment les réagissants ont été séparés et le mode d'abreuvement utilisé.

En outre, il y a lieu d'indiquer à la fin de chaque rapport (même si l'imprimé ne le comporte pas) *le décompte des honoraires*.

Les *Vétérinaires-inspecteurs des foires et marchés* qui ne se conforment pas à l'article 6 sont une nouvelle fois priés d'adresser un bulletin sanitaire à l'issue de chaque réunion.

D'après l'article 12, § *c*, toute tuberculination opé-
rée dans une exploitation, à la suite de *l'intervention
du Service sanitaire*, devra faire l'objet d'un *compte-
rendu détaillé* indiquant la méthode employée et, pour
chacun des animaux, le relevé des températures ou
les caractères et l'intensité des réactions locales.

Lorsque plusieurs réquisitions concernant des étables ou des pâturages d'une même région, pouvant
être visités au cours d'une seule tournée, vous par-
viendront en même temps, ces diverses visites devront être effectuées en un unique voyage, et le nombre total des kilomètres réellement parcourus, seul
compté au département.

J'appelle tout particulièrement votre attention sur
les dispositions de l'article 11 relatif à la Fièvre aphteuse, en vous priant de vous reporter aux commen-
taires de la circulaire ci-incluse de M. le Préfet de
Loir-et-Cher.

Pour la fixation du périmètre d'interdiction, vous
devez vous inspirer de la topographie des lieux, des
rapports de voisinage, etc. ; en principe doivent être
comprises dans ce périmètre toutes les exploitations
qui peuvent être considérées comme déjà contaminées
et toutes celles qui par leur situation sont exposées à
la contagion.

Le § *a* de l'article 12 a pour but d'éviter que deux
Vétérinaires différents ne soient requis, l'un par le
Maire, l'autre par le Préfet, pour visiter une même
exploitation.

L'article 16 relatif aux honoraires ne comporte aucun commentaire. J'attire cependant votre attention
sur le dernier alinéa relatif aux distances.

Enfin, il est nécessaire que tous les mémoires soient
adressés dans les délais prescrits, c'est-à-dire avant

lc 10 janvier, afin que le mandatement puisse en être effectué dans le mois suivant.

Votre entière collaboration m'est absolument indispensable ,pour mener à bien la tâche qui incombe aux Services Vétérinaires, aussi bien dans la lutte contre les maladies contagieuses visées ou non ,par la loi que dans l'inspection des viandes.

Aux termes mêmes de la loi du 12 janvier 1909 notre activité doit s'étendre à toutes les contagions qui menacent le Cheptel. dont la conservation et l'exploitation rationnelle doivent faire l'objet de nos constantes préoccupations. Je suis, par conséquent, à votre entière disposition pour tout ce qui concerne ces questions et vous serais obligé de vouloir bien me signaler toutes les affections à allure contagieuse que vous aurez l'occasion d'observer.

Le Directeur des Services vétérinaires,
E. PECARD.

ARRÊTÉ

Le Préfet de Loir-et-Cher, Chevalier de la Légion d'honneur,

Vu la loi du 21 juillet 1881 ;

Vu la loi du 21 juin 1898 et le décret du 6 octobre 1904 ;

Vu la loi du 12 janvier 1909 et le décret du 9 juin 1913 ;

Vu les instructions de M. le Ministre de l'Agriculture en date du 14 juin 1909 ;

Vu l'arrêté préfectoral du 18 décembre 1909 ;

Vu la délibération du Conseil général en date du 5 mai 1926 ;

Sur la proposition du Directeur des Services vétérinaires ;

ARRÊTE :

ARTICLE PREMIER. — Le Service des Epizooties, dans le département de Loir-et-Cher, comprend, avec le Directeur des services vétérinaires et son suppléant, et placés sous leur direction, des Vétérinaires sanitaires. ·

Tous les Vétérinaires français exerçant dans le département qui adhèreront au présent règlement, auront pris l'engagement de s'y conformer et dont la candidature aura été agréée, sont investis du mandat sanitaire dans leur clientèle.

Les Vétérinaires des départements voisins qui résident dans les cantons limitrophes de Loir-et-Cher pourront, sur leur demande, bénéficier des dispositions précédentes, si dans leur département les Vétérinaires de Loir-et-Cher jouissent d'une situation réciproque.

DIRECTEUR DES SERVICES VÉTÉRINAIRES

ART. 2. — Le Directeur des Services vétérinaires exerce les fonctions qui lui sont spécialement dévolues par les lois et règlements sur la police sanitaire des animaux ; les déclarations faites dans les mairies conformément à la loi lui sont communiquées sans délai.

Les Vétérinaires sanitaires lui adressent leurs rapports. Il donne son avis sur les mesures à prescrire à la suite des constatations de ces derniers et *correspond directement avec eux en vue de l'exécution des dites mesures.*

Les arrêtés de déclaration ou de levée d'infection sont pris sur son avis motivé.

Il assiste, autant que possible, à l'abatage des animaux sacrifiés pour cause de morve ou de tuberculose et rend compte au Préfet du résultat de ses opérations.

Indépendamment des cas spéciaux rendant son déplacement obligatoire, il doit, chaque fois que les circonstances l'exigent, se rendre sur place, afin de prendre conjointement avec le Vétérinaire sanitaire, les mesures que comporte la situation.

Il veille à l'exécution de la désinfection du matériel ayant servi au transport des animaux sur les voies ferrées, des quais d'embarquement et des voies d'accès dans les gares, conformément aux dispositions des arrêtés ministériels.

Il centralise tous les renseignements concernant le service des épizooties.

Par des visites inopinées, il contrôle le fonctionnement du service d'inspection des foires et marchés, des abattoirs publics et privés, des ateliers d'équarrissage, des écuries et étables d'auberges ou autres établissements publics où séjournent des animaux de passage.

Il se renseigne sur l'état sanitaire des animaux domestiques du département par des informations recueillies auprès des autorités locales, des Vétérinaires sanitaires ou de toute autre personne.

Il rend compte au Préfet du résultat de ses investigations et signale les infractions aux lois et règlements sur la police sanitaire qu'il a pu constater.

Il fait des conférences sur l'hygiène, la police sanitaire des animaux, la prophylaxie des maladies contagieuses et toutes les questions qui s'y rattachent. Ces conférences sont faites suivant un programme arrêté de concert avec l'Inspecteur général de la région et il en donne un compte rendu sommaire dans son rapport de fin d'année.

Un registre sur lequel sont inscrits, par ordre de date, les cas de maladies contagieuses notifiés à la Préfecture et tous autres registres prévus par les règlements pour l'exécution du service sont tenus sous son contrôle.

Vétérinaires sanitaires

Art. 3. — Le Vétérinaire sanitaire régulièrement requis par le Préfet du département ou par le Maire d'une commune doit, à moins d'indications spéciales, déférer à cette réquisition dans le plus bref délai et *au plus tard dans les vingt-quatre heures.*

Art. 4. — Chaque fois qu'il constate ou soupçonne l'existence d'une maladie contagieuse, le Vétérinaire sanitaire établit un rapport en double expédition sur formules extraites d'un *carnet à souches* fourni par l'Administration départementale ; une expédition est envoyée au Maire et l'autre au

Directeur du Service *avec la réquisition de l'autorité qui l'a délivrée.*

Le rapport destiné au Directeur du Service devra lui être adressé aussitôt après la visite sanitaire et au plus tard dans la journée du lendemain. Toutes visites et tous rapports qui ne seront pas effectués ou expédiés dans les délais prescrits donneront lieu à une réduction d'honoraires égale au moins à la valeur du rapport.

ART. 5. — Les Vétérinaires sanitaires ont, concurremment avec tels agents que les autorités compétentes peuvent désigner, la surveillance des locaux déclarés infectés ; ils doivent se tenir au courant de la marche de la maladie, adresser au Maire et au Directeur du Service tous rapports utiles, proposer toutes mesures nouvelles qui leur paraîtraient nécessaires et signaler les infractions constatées.

VÉTÉRINAIRES-INSPECTEURS DES FOIRES ET MARCHÉS

ART. 6. — Après la tenue d'une foire ou d'un marché, le Vétérinaire chargé de l'inspection de cette réunion commerciale adresse au Directeur du Service *un bulletin sanitaire visé par le Maire de la commune* et détaché d'un carnet à souche conforme au modèle fourni par l'Administration préfectorale.

EXÉCUTION DU SERVICE

ART. 7. — Il est tenu dans chaque Mairie un registre à souche, conforme au modèle fourni par la Préfecture, pour l'inscription des déclarations de maladies contagieuses ou des cas de suspicion faites conformément à la loi.

Il est délivré au déclarant un récépissé de déclaration détaché du dit registre.

ART. 8. — Aussitôt la déclaration reçue, le Maire en transmet directement copie au Préfet et requiert le Vétérinaire sanitaire.

Le propriétaire désigne le Vétérinaire sanitaire de son choix.

Si aucune désignation n'est faite par le propriétaire de l'animal atteint ou suspect de maladie contagieuse, le Maire appellera le Vétérinaire sanitaire dont la résidence est la plus rapprochée de l'exploitation du déclarant. Si dans cette localité se trouvent établis plusieurs Vétérinaires sanitaires, ceux-ci devront être appelés successivement suivant l'ordre alphabétique de leurs noms.

Si la déclaration est effectuée par le Vétérinaire traitant investi du mandat sanitaire ou par le propriétaire à la suite de la visite de ce dernier, le Maire n'aura pas à requérir le Vétérinaire sanitaire et mention en sera faite sur la copie de déclaration adressée au Préfet.

S'il n'est pas déféré à la réquisition du Maire, celui-ci en donne avis, par les voies les plus rapides, au Préfet, qui prend les mesures nécessaires.

ART. 9. — Au cours de sa visite, le Vétérinaire sanitaire effectue le dénombrement et prend le signalement des animaux. Il procède à toutes les recherches de nature à faire découvrir l'origine de la maladie et les foyers qui ont pu en dériver. Ces renseignements sont toujours consignés dans le rapport adressé au Directeur du Service. .

Après sa visite, le Vétérinaire sanitaire remet au Maire un exemplaire de son rapport dans les conditions spécifiées à l'article 4 du présent règlement. Il indique les mesures à appliquer d'urgence, en attendant l'intervention de l'Autorité préfectorale ; il assiste le magistrat municipal dans l'exécution de ces mesures.

ART. 10. — *Pour chaque maladie contagieuse*, le Vétérinaire sanitaire fera au maximum — sauf lorsqu'il en sera autrement ordonné — *deux visites aux frais du département,* savoir :

1º une première visite pour constater l'existence de la maladie, indiquer à l'intéressé les mesures sanitaires à observer et les moyens de procéder à la désinfection quand la maladie aura disparue ;

2º une seconde visite pour constater la disparition de la maladie et l'exécution de toutes les mesures prescrites, notamment en ce qui concerne la désinfection.

A l'issue de cette seconde visite, il adressera au Directeur du Service un rapport motivé, proposant, s'il y a lieu, la levée de l'arrêté de déclaration d'infection.

Si, dans l'intervalle, *des visites de surveillance* paraissent nécessaires, elles ne pourront être effectuées, aux frais du département, que sur réquisition du Préfet.

A la suite de chaque visite de surveillance qu'il aura effectuée, le Vétérinaire sanitaire adressera un rapport au Directeur du Service.

FIÈVRE APHTEUSE

Art. 11. — *a*) Les Vétérinaires sanitaires ne procéderont, aux frais du Département, à aucune nouvelle visite *sans ordre du Préfet*, dans les exploitations comprises dans un périmètre d'infection pour cause de fièvre aphteuse fixé par arrêté préfectoral à la suite d'une première constatation de maladie.

b) Pour la constatation de la guérison des malades et de la désinfection des locaux, le Vétérinaire sanitaire ne doit faire, aux frais du Département et seulement sur l'invitation du Préfet, qu'une visite terminale et générale dans les périmètres déclarés infectés, en se conformant aux instructions du Directeur du Service.

Les propriétaires qui désireront bénéficier d'une libération plus précoce pourront, à titre exceptionnel, requérir à leurs frais la visite d'un Vétérinaire sanitaire qui adressera ensuite ses propositions au Directeur du Service.

TUBERCULOSE BOVINE

Art. 12. — *a*) Par dérogation à l'article 8, les réquisitions pour visite d'exploitations d'où proviennent des bovins reconnus tuberculeux dans les abattoirs publics ou privés et dans les ateliers d'équarrissage, ne pourront émaner que du Préfet ;

b) Les constatations de tuberculose faites dans les établissements précités et la surveillance du sacrifice des animaux provenant d'exploitations déclarées infectées, ne pourront donner lieu, même après réquisition des Maires, à aucune rétribution de la part du département ;

c) Aussitôt après avoir pratiqué l'épreuve de la tuberculine (même sur la demande et aux frais du propriétaire) sur le cheptel d'une exploitation placée sous la surveillance du service sanitaire, le Vétérinaire opérateur rendra compte des résultats obtenus au Directeur du Service.

Art. 13. — Les arrêtés préfectoraux de déclaration et de levée d'infection sont notifiés aux Vétérinaires sanitaires intéressés, au Maire de la localité, à la Gendarmerie et aux propriétaires visés.

ART. 14. — La liste des Vétérinaires composant le service sanitaire du département est affichée chaque année dans toutes les communes.

HONORAIRES DES AGENTS

ART. 15. — Les frais de tournées du Directeur des services vétérinaires, sont réglés d'après le tarif suivant :

Sur voie de fer : première classe.

Sur voie de terre : 1 fr. 50 par kilomètre parcouru.

10 francs par repas et 8 francs par coucher.

Le suppléant du Directeur des Services vétérinaires reçoit une indemnité journalière de 15 francs.

En cas de déplacements, ses frais de tournées seront ceux stipulés ci-dessus.

ART. 16. — Les honoraires des Vétérinaires sanitaires sont fixés ainsi qu'il suit :

1° 10 francs par vacation ou visite d'une exploitation, quel que soit le nombre des animaux malades ou contaminés.

2° les visites de passage seront comptées au tarif ci-dessus sans aucune indemnité kilométrique ;

3° 8 francs par exploitation visitée au cours d'un même déplacement, rapport compris ;

4° 30 francs par autopsie d'animaux morts ou abattus pour cause de rage, de charbon bactéridien et de morve (Des prélèvements pourront être demandés par le Directeur des Services vétérinaires) ;

5° 15 francs pour tous les autres cas ;

(En dehors des cas spécifiés par les lois et règlements sur la police sanitaire des animaux prévoyant l'autopsie des animaux morts ou abattus comme atteints ou suspects d'être atteints d'une maladie contagieuse, les Vétérinaires sanitaires ne pourront, à moins qu'ils n'en aient reçu l'ordre du Préfet, pratiquer aux frais du budget départemental l'autopsie d'animaux morts d'une maladie contagieuse qu'autant qu'ils auraient été requis pour faire l'examen d'un cadavre).

6° 15 francs par injection révélatrice de malléine ou de tuberculine sur le premier animal de l'exploitation ;

5 francs par injection sur chacun des autres animaux,

plus trois déplacements (Méthodes sous-cutanées avec relevés thermiques) ;

7° 12 francs par injection sur le premier animal et 4 francs pour chacun des autres et deux déplacements pour les méthodes intradermiques et ophtalmiques, associées ou non.

Ces opérations ne seront faites aux frais du département que sur ordre du Préfet.

Dans tous les cas ci-dessus (visites, autopsies, injections révélatrices), les rapports, procès-verbaux... afférents aux opérations effectuées sont compris dans les honoraires fixés ;

8° 4 francs par rapport seul, lorsque la visite, l'autopsie, etc..., a été faite sur la demande du propriétaire et a abouti à la constatation d'une maladie contagieuse ;

9° En outre de ces honoraires, les Vétérinaires sanitaires reçoivent des frais de déplacement ainsi fixés :

1 fr. 25 par kilomètre parcouru.

La distance sera calculée de l'exploitation visitée au chef-lieu de la résidence *du Vétérinaire sanitaire le plus rapproché.*

ART. 17. — Les sommes dues aux Vétérinaires sanitaires seront mandatées chaque année par le Préfet, sur la production d'un mémoire, en double expédition, dont une sur timbre s'il dépasse 50 francs.

Ces mémoires devront parvenir à la Préfecture avant le 10 janvier de chaque année.

ART. 18. — L'Arrêté préfectoral susvisé du 18 décembre 1909 et ceux des 5 décembre 1912, 10 septembre 1923 et 1er juin 1925 sont rapportés.

ART. 19. — M. le Secrétaire général, MM. les Sous-Préfets, Maires et Agents des Services vétérinaires sont chargés, chacun en ce qui le concerne, de l'exécution du présent arrêté qui sera inséré au *Recueil des Actes administratifs* et entrera en vigueur le 1er janvier 1926.

Fait à Blois le 1er juillet 1926.

Le Préfet,

A. MARTIN.

N. B. — Cet Arrêté a été approuvé par M. le Ministre de l'Agriculture le 10 juin 1926

Blois, Imprimerie Centrale, 13, rue Denis-Papin. — 1014

9 782329 042893